Nouvelle Méthode

pour l'Enseignement pratique

DE LA LECTURE, DE L'ÉCRITURE & DU CALCUL

par un Professeur de Petite Classe

Cet Ouvrage a obtenu une Médaille d'Or à l'Exposition Universelle de 1900

EN VENTE :
chez l'Auteur, à l'Ecole Saint-Joseph
86 bis, Rue du Château, 86 bis
PARIS (XIVᵉ)

1914
5ᵉ Mille

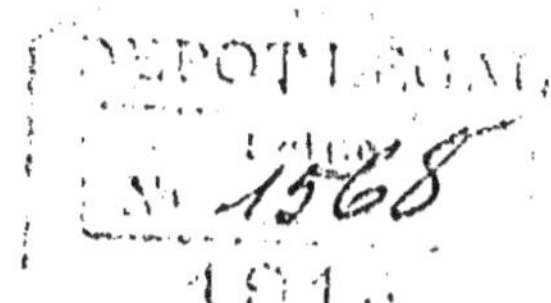

Nouvelle Méthode

pour l'Enseignement pratique

DE LA LECTURE, DE L'ÉCRITURE & DU CALCUL

par un Professeur de Petite Classe

Cet Ouvrage a obtenu une Médaille d'Or à l'Exposition Universelle de 1900

EN VENTE :

Chez l'Auteur, à l'Ecole Saint-Joseph
86 bis, Rue du Château, 86 bis
PARIS (XIV⁰)

Laissez venir à moi les petits enfants

Préface

Cédant au désir, si souvent exprimé par des collègues, je livre à l'impression, en petit format, le grand principe (o.85×o.75) de lecture, d'écriture et de calcul que j'ai fait à la main et dont je me sers avec succès dans ma petite classe.

Il paraît avec 30 ans d'expérience.

Contrairement à tous ses devanciers il contient de nombreux exercices et 61 leçons très longues, parce que j'ai toujours remarqué que l'enfant n'aimait pas à revenir sur les leçons étudiées. Il doit donc bien s'en pénétrer la première fois. La répétion des leçons a aussi l'inconvénient de les faire apprendre par cœur.

A la demande de plusieurs maîtres, chaque page forme une leçon. Plusieurs leçons sont une préparation à la suivante. Ainsi à la première partie le b (be) qui est tendre à prononcer dispose à la leçon suivante p (pe) qui est dur. Il en est de même de (d t) (v f) (z s) (g c), etc. A la deuxième partie, les cinq premières leçons des consonnes composées sont formées avec l'aide de la lettre l : bl, pl, gl, cl, pl ; les huit autres avec la lettre r : br, cr, dr, fr, pr, tr, vr, les lettres difficiles et qui perdent leur son se trouvent à la fin : ch, gn, ph.

A la fin de chaque leçon il y a une ligne composée de lettres nulles pour la prononciation. Les maîtres pourront ne pas la faire lire s'ils le jugent à propos.

Comme l'écriture et le calcul peuvent marcher de pair avec la lecture, cet ouvrage contient ces deux éléments et rompt, par cela même, la monotonie de toujours lire.

Quand l'enfant commencera à copier, les maîtres pourront avantageusement se servir des leçons de lecture comme petites dictées, en ayant soin d'écrire préalablement au tableau noir la difficulté de la leçon.

Les vignettes bien appropriées aux leçons en faciliteront beaucoup la lecture.

Puisse ma modeste expérience répondre à l'attente de ceux qui ont sollicité sa mise entre les mains de leurs élèves.

Puisse-t-elle profiter à d'autres maîtres et maîtresses qui, comme moi, passent une partie notable de leur existence dans les classes enfantines. La satisfaction de les avoir aidés un peu dans leur tâche journalière, difficile et souvent ingrate, sera ma plus belle récompense en même temps que le plus précieux encouragement.

E. STRAGIER.

PREMIÈRE PARTIE

Leçon préliminaire

---

a e i y o u

é è ù

â ê î ô û

A E I Y O U

A E I Y O U

Nom et Forme des Chiffres

1 2 3 4 5 6 7 8 9 0

1 2 3 4 5 6 7 8 9 0

b *b* B *B* (be)

ba be bi bé bo bè bu bê by

ba ba, bé bé, bi bi, bo bo,

bu be, ba by, o bé i, bu,

bo a, a bbé

Bé bé a bo bo. Bé bé a o bé i.

Bé bé a bu. Ba ba à bé bé.

bas, bis, but, a bus, a bât.

Jambages droits

/ /

Numération

1 2 3 4 5 6 7 8 9 10

2 4 6 8 10 1 3 5 7 9

p *p* P *P* (pe)

pa pe pi pé po pè pu pê py

pa pa,   pi pe,   po pe,   pa pe,

Pô,   é pi,   é pi é,   é po pée,

pé pie, é pée.

Pa pa a é pi é Bé bé. Pi pe

à pa pa. Bé bé a o bé i à pa pa.

pas, pie, pus, pot, a ppât.

Jambages pleins et déliés

1 1 1 1 1 1   ⅄⅄⅄⅄⅄   ⅏⅏⅏⅏⅏

Numération

11 12 13 14 15 16 17 18 19 20

12 14 16 18 20 11 13 15 17 19

d *d* D *D* (de)

de di dè do dé du dê dy da

| 2 | Bè de,   da da,   do do,   du pe,
do du,   bi pè de,   dé di é,   dé,
du o,   du.

Da da,   do do   du bé bé   do du. |

Bè de a du pé pa pa. I dée de bé bé, dé bit, dé but, dé pôt, dé bat, dé pit, dos.

Jambages arrondis

uuuuuuuuuu mmmmmmmm

Numération

21 22 23 24 25 26 27 28 29 30

22 24 26 28 30 21 23 25 27 29

t *t* T *𝒯* (te)

te ti tè to té tu tê ty ta

tê te, ty pe, bâ ti, tu be, pâ té, da te, tê tu, bê te, pa ta te, a tti tu de.

Bé bé a é té tê tu. Pa pa a é té dé pu té. Bé bé a dé bi té. Pa pa a é tu di é. tas, pe tit, é tat, ta bac, ta pis.

Jambages arrondis

uuuuu nnnnn

Numération

31 32 33 34 35 36 37 38 39 40

32 34 36 38 40 31 33 35 37 39

l ℓ L ℒ (le)

li lè lo lé lu lê ly la le

lo to, pl le, pa ll, pl lu le, po ll
pl lo te, ba lla de, o bo le, a ll bl
é ll te, pé da le, tu. ll pe. Li lle
E lle. Lé ɔ. A dè le.

Pa pa a é té é lu à Li lle. Bé bé a
ţa po té. La pe tl te bê te. Le pl lo te a pa ll.
Llt, lot, lls, pl lo tls, pa le tot, lu ble.

---▶◀---

Lettres à Jambages ronds

---▶◀---

nu nu un muni nu

Numération

41 42 43 44 45 46 47 48 49 50

42 44 46 48 50 41 43 45 47 49

r r R *R* (re)

ri rè ro ré ru rê ry ra re

ra re,   ri re,   rô ti,   ru de,   pu re té

ri de,   rô le,   ré pa ré,   pa ra de

dé ro bé,   ti re li re,   râ le,   ba rré

pa ro le, ra re té, ru ra le.

A dè le ri ra de la pa ra de. Le ri te

de l'a ra be. La pa ro le du re du pi lo te. La

ly re de Ru ti le. E lle a lu.

ras, riz, rôt, rue, rat, re pas, re pos, lo te rie.

Lettres rondes

o o o o o o o *a a a a a*

Numération

51 52 53 54 55 56 57 58 59 60

52 54 56 58 60 51 53 55 57 59

v _v_ **V** _V_ (ve)

vè vo vé vu vê vy va ve vi

vi ve, vo te, pa vé, vi dé, vé lo,

vo lé, ba ve, la vé, vi te, va li de,

é lè ve, a vi di té, é va dé, o va le,

é tu ve. O vi de, Va lè re.

La ti re li re de l'a vare. Le pè re de Va lè re a

vo té. O vi de a va le ra la pe ti te pi lu le o va le.

L'é tu de de l'é lè ve.

vos, vas, vie, vue, dé vot. Y ve tot. Y vè? de vis.

Lettres rondes

e e e e e e r r r r r r

Numération

61 62 63 64 65 66 67 68 69 70

62 64 66 68 70 61 63 65 67 69

f _f_ F _F_ (le)

fè fo fé fu fê fy fa fe fi

fê te, fa de, fè ve, dé fi, fé ti de

fi dé li té, fé tu, bi ffé, é di fi é

bi fi de, fi fi, fe ra, fé ru le, fo llé.

Fi dè le, fi le.

La fê te de pa pa. La pe ti te

fè ve fa de. Ovi de a é di fi é Fi dè le. Pa pa vi de ra

le fût de Va lé ry.

fai, re fus, fu tée, fée, fu rie, fo lie.

Lettres rondes

_v v v v v v_   _s s s s s s_

Numération

71 72 73 74 75 76 77 78 79 80

_72 74 76 78 80 71 73 75 77 79_

m *m* **M** *M* (me)

mo mé mu mê my ma me mi mè

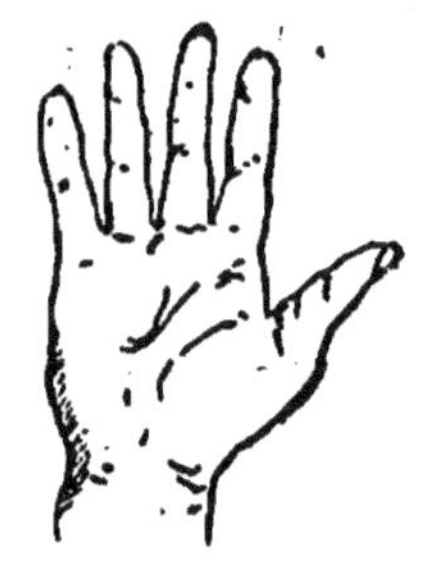

mê me, mi di, mu le, mo de. la me

ma da me. mo dè le. Il mi te. a mi

li me. mo bi le. é mu. â me, a bî me

E mi le. Ré mi. Ma rie

Ma dame a é té ma la de. Ré mi

I mi te le mo dè le. E mi le a fu mé à mi di.

L'é tu de é lè ve l'â me. La pu re té de la mo ra le.

mât. mot. mie, mue, ma te lot, fu mée, ma te las

Lettres rondes

c c c c c c c x x x x x

Numération

81 82 83 84 85 86 87 88 89 90

82 84 86 88 90 81 83 85 87 89

n n N N (ne)

no né nu nê ny na né ni nè

9

no te, mi ne, pu ni, me nu, do mi no
fi ni, lu ne, bé ni, mi nu te, â ne
u ni, é pi ne, a no ny me, bo bine
Re né, Nu ma. A na to le, Bé no ni

Le do mi no de Re né. La mi ne li vi de de Nu ma

A na to le a mè ne l'â ne de Bé no ni. Le pè re,

la mè re de la bo nne.

nid, il not, nue, a na nas, I ré née, nos, ma ti née.

Application

rixe, vue, ami, aussi, cire os

Numération

91 92 93 94 95 96 97 98 99 100

92 94 96 98 100 91 93 95 97 99

TABLE D'ADDITION

1	et	1	font	2	4	et	1	font	5	7	et	1	font	8
1	»	2	»	3	4	»	2	»	6	7	»	2	»	9
1	»	3	»	4	4	»	3	»	7	7	»	3	»	10
1	»	4	»	5	4	»	4	»	8	7	»	4	»	11
1	»	5	»	6	4	»	5	»	9	7	»	5	»	12
1	»	6	»	7	4	»	6	»	10	7	»	6	»	13
1	»	7	»	8	4	»	7	»	11	7	»	7	»	14
1	»	8	»	9	4	»	8	»	12	7	»	8	»	15
1	»	9	»	10	4	»	9	»	13	7	»	9	»	16

2	et	1	font	3	5	et	1	font	6	8	et	1	font	9
2	»	2	»	4	5	»	2	»	7	8	»	2	»	10
2	»	3	»	5	5	»	3	»	8	8	»	3	»	11
2	»	4	»	6	5	»	4	»	9	8	»	4	»	12
2	»	5	»	7	5	»	5	»	10	8	»	5	»	13
2	»	6	»	8	5	»	6	»	11	8	»	6	»	14
2	»	7	»	9	5	»	7	»	12	8	»	7	»	15
2	»	8	»	10	5	»	8	»	13	8	»	8	»	16
2	»	9	»	11	5	»	9	»	14	8	»	9	»	17

3	et	1	font	4	6	et	1	font	7	9	et	1	font	10
3	»	2	»	5	6	»	2	»	8	9	»	2	»	11
3	»	3	»	6	6	»	3	»	9	9	»	3	»	12
3	»	4	»	7	6	»	4	»	10	9	»	4	»	13
3	»	5	»	8	6	»	5	»	11	9	»	5	»	14
3	»	6	»	9	6	»	6	»	12	9	»	6	»	15
3	»	7	»	10	6	»	7	»	13	9	»	7	»	16
3	»	8	»	11	6	»	8	»	14	9	»	8	»	17
3	»	9	»	12	6	»	9	»	15	9	»	9	»	18

J j J $\mathcal{J}$ (je)

jé ju jê jy ja je ji jè jo

Ju bé, jo li, dé jà, ju ju be, Ju bi lé

Ju ré, ju pe, Ja ve ll ne, Ju ry, Ja rre

Ja tte, ja le. Jé rô me, Ju les, Ju lie

Jea nne, Ju de, Jé ré mie.

Le jo li é pi do ré. La pâ te de ju ju be. La ju pe

de Jea nne. Le ju bi lé ra re.

La ja tte de Jé rô me. La fê te de Ju les. Ju de a

dé jà dî né. Ju lie a été du ju ry.

jus. Ja ve lot. Judas. Ju déc. Mé la nie.

Lettres à boucle supérieure

$t\ t\ t\ t\ t\ t\ t\ t$ $d\ d\ d\ d\ d\ d$

Additions

342	245	423	632	795	745	368
235	123	505	247	103	213	211
577	368	928	879	898	958	579

12ᵉ LEÇON

z *z* **Z** *Z* (ze)

zu zê zy za ze zi zè zo zé

zè de,   zé lé,   zo ne,   zè le,   zé bu

zé ro,   a zo te,   to pa ze,   bi za rre

a ma zo ne,   a zu ré,   zi be li ne

zi za nie.   **La za re.**   **Zé no be.**   **Zo é**

La zi be li ne de l'a ma zo ne. Le zè le de la vé ri té

La to pa ze de ma mè re.

Zo é a fi ni la ro be de la da me. La za re vé nè re

la ma do ne. Zé no be a é té bi za rre.

A mé dée. De nis. bi za rre rie. a ppé tit.

———— ►◄ ————

Lettres à boucle supérieure

ℓℓℓℓℓℓℓℓ ℓℓℓℓℓℓ

———— ►◄◁ ————

Additions

4 2 5	5 7 5	2 8 4	1 4 8	5 6 4	7 4 5	3 2 2
2 3 0	2 2 4	6 1 3	7 5 0	2 3 4	2 2 3	5 4 4
6 5 5	7 0 0	8 9 7	8 9 8	7 9 8	9 6 8	

s s S 𝒮 (se)

su sê sy sa se si sè so sé

6

sè ve, si te, so lo, se mé, sû re

sé vi, bo sse, sa lé, so fa, pa ssé

so li de, si re, sa li ve, so no re

sé vè re, bo ssu, ba sse.

Su za nne. Si bé rie. Sa ma rie

Ma tu li pe se fa ne ra vi te. Ma rie sè me la sa la de

Su za nne se ra fi dè le à sa pa ro le.

Le vo lu me m'a pa ru so li de. La sé vé ri té du

pè re. La tê te de la vi pè re.

sot. é pi dé mie, sa lut, si rop, sa bot.

Lettres à boucle supérieure

h h h h h h h h k k k k k k k

Additions

562	570	204	455	832	397	103
413	319	683	313	144	501	683
975	889	887	768	976		

k *k* K *K* (que)

ka ké ki

ké pi, ki lo, mo ka, ma ki, ka by le,

La fè ve de mo ka. A mé dée a sa li le ké pi de
pa pa. Le ki lo de mo ka. Ka by lie. Pa ris.

x *x* X *X* (kse)

xa xé xo xi xe xu xè

Sa xe, ta xe, fi xé, ri xe, bo xe, ma xi me, lu xu re,
pa ra do xe.

Le lu xe de la da me. Ma xi me a é té bo xé. La
ta xe de la bi è re.

Récapitulation

malle, date, homme, habitude, balle

Additions

1 7 6	6 1 7	8 0 7	4 8 7	3 3 2	7 1 9	2 1 0
8 1 2	2 8 0	1 7 1	3 1 1	6 5 4	1 6 0	4 4 1
9 8 8	8 9 7	9 7 8	7 9 8			

Premier Exercice

c c C *C* (que)

ca   co   cu

co co,   cu ré,   ca ra co,   ca ni cu le
co de,   cô té,   co ke,   ca ba ne,   ca ve
fé cu le,   ca ra co le.   Ca mi lle.
La ca ri ca tu re ri di cu le. Le ca na ri
vo le. cas, é cu rie, a vo cat, co lo ris

Deuxième Exercice

ce (se) cé (sé) cè (sè) ci (si)

ce ci,   ce la,   cé ci té,   ci re,   ra ce
cé le ri.   cé dé,   vi ce,   do ci le,   i ci
lu ci de,   li ma ce.   A li ce.   Cè ci le
La ra ci ne de cé le ri. Je cè de le
bé né fi ce. Lu cie,   cé li bat,   sé nat

Lettres à boucle inférieure

q q q q q q q q g g g g g g g

Additions

2 8 7	8 2 8	6 0 6	5 9 8	4 4 3	8 0 9	5 1 2
7 0 1	1 7 0	2 7 3	2 0 0	5 3 4	1 6 0	3 2 1
9 8 8	9 9 8	8 7 9				

Premier exercice

g *g* G *G* (gue)

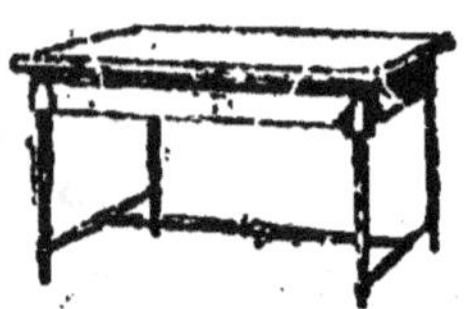

ga go gu

ga re, go bé, ga ze, go mme, fi gu re,
ga lè re, lé gu me, gâ té, pa go de,
é ga li té, ga lo pé, ga la, ga le.

Ma fi gu re se ra ni me. Le lé gu me se gâ te.
Ga lop, a go nie, ga le tas.

———————————

Deuxième exercice

ge (je) gé (jé) gè (jè) gi (ji)

â gé, sa ge, pa ge, lo gé, ju ge,
gî te, gé mi, ré gi me, ga ge, ri gi de,
lé gè re té, gi ra fe, ci ra ge, ga ra ge.

La to ge du ju ge. Le jo li é ta la ge de Cé ci le.
Gé nie, ga be gie, geô le, gi got, lo gis.

Lettres à boucle inférieure

j j j j j j j j j j   y y y y y y

Additions

354	875	358	688	423	728	827
237	118	624	208	547	259	124
591	993	982	896	970	987	951

Premier exercice

q *q* Q *Q* (que)

4

qua qui quo que qué

lo qúe, li qui de, nu que, é qui pe
ba ra que, quê te, oo que, ta qui né
pi qué, quo te, qui, qua li té
qui tte, mo qué.

La ba ra que co mi que. Le zè le de l'é vê que
é qui pée, é qui vo que, é qua rri ssa ge. Pâ ques.

Deuxième exercice

gue gui gué gue guè

do gue, gui de, gué ri te, fa ti gué
gui pu re, guê pe, ba gue, gui ta re
di gue, oa ta lo gue, gui, gué ri
é pi lo gue.

Le gui de se ra fa ti gué. La ba gue de Lu cie
fu gues, fi gues.

Lettres à boucle inférieure

p p p p p p z z z z z z

Additions

543	721	813	789	897	978	574
659	489	598	237	273	586	637
1202	1210	1411	1026	1170	1564	

h *h* H *H* (e)

hy ha he hi hè ho hé hu hê

hâ te, hu ne, hô te, hâ ve, ho mme
ho là, hé ri ta ge, hu mi de, hu me
ho nnê te, ha bi le.

thè me, rhu me, thé, mé tho de
Thé o du le, Thé o do re.

U ne ha bi tu de ra re. Ho no ri ne te fe ra u ne
ta sse de thé. Hé lè ne ha bi te i ci.
Ho no re ta mè re. La mé tho de de Thé o du le. Le
thé me de Thé o do re.
ha bit, ho mé lie, hé li ce, hue, ho mi ci de.

Application

fifi, fat, fidèle, fille, fève, fête fétide

Additions

5 6 4	8 6 6	5 2 9	7 6 4	2 8 7	1 6 9	3 8 9
5 9 7	9 0 7	4 8 8	3 5 5	4 7 5	9 0 3	7 2 6
1 1 6 1	1 7 7 3	1 0 1 7	1 1 1 9	7 6 2		

20ᵉ LEÇON

S se prononce Z entre deux voyelles

ase   ra se, ba se, va se, ca se.

èse   pè se, thè se, di o cè se, Thé rè se.

ise   mi se, vi se, re mi se, mi sè re. é ga li se.

ose   ro se, po se, do se, re po se.

use   bu se, mu se, ru se, u se, re fu se.

---

mu sée, vi si te, mu si que, vi sa ge, a si le, dé si ré,

ro sée, re fu sé, re po sé, hé ré sie, hy so pe, gui se.

bê ti se, so tti se, u su re, ce ri se.

La thè se de l'a vo cat. La mi se ri di cu le de Thé rè se. La ba se du va se.

Application

sage, zizanie, tulipe, habileté

Additions

655	897	773	267	465	578	342
799	968	269	856	547	952	748
1454	1865	1042	1123			

21ᵉ LEÇON

Voyelles juxtaposées

ia pia no, tia re, lia sse, dia ne, via gè re, dia lo gue

ié pié té, so cié té, a mi tié, pi tié, a lié né, é di fié.

iè niè ce, biè re, piè ce, siè ge sa liè re, ma tière.

io fio le, vio lé, ba bio le, dio ra ma, io de, io ta.

ua nùa ge, sua ve, rua de, sa lua, tua.

ué nuée, tué, suée, rué, é va cué, sa lué.

ui lui, é tui, fui te, sui te, cui te, dé dui re.

éa réa li té, béa te, a li néa, i déa le, O céa nie.

éo géo lo gie, féo da li té, a réo pa ge, Léo nie.

Application

La tia re du pa pe. La fio le d'io de. Pa pa se ra se lui-mê me. Le siè ge de la so cié té. La va li se de Dio mè de. Dio gè ne a vi si té la ba si li que.

Additions

```
  674     357     854     456     764     647     452
  854     489     359     895     857     879     830
 ————    ————    ————    ————    ————    ————    ————
 1528     846    1213
```

TABLE DE SOUSTRACTION

1	ôté de	2	reste	1	4	ôté de	5	reste	1	7	ôté de	8	reste	1
1	»	3	»	2	4	»	6	»	2	7	»	9	»	2
1	»	4	»	3	4	»	7	»	3	7	»	10	»	3
1	»	5	»	4	4	»	8	»	4	7	»	11	»	4
1	»	6	»	5	4	»	9	»	5	7	»	12	»	5
1	»	7	»	6	4	»	10	»	6	7	»	13	»	6
1	»	8	»	7	4	»	11	»	7	7	»	14	»	7
1	»	9	»	8	4	»	12	»	8	7	»	15	»	8
1	»	10	»	9	4	»	13	»	9	7	»	16	»	9

2	ôté de	3	reste	1	5	ôté de	6	reste	1	8	ôté de	9	reste	1
2	»	4	»	2	5	»	7	»	2	8	»	10	»	2
2	»	5	»	3	5	»	8	»	3	8	»	11	»	3
2	»	6	»	4	5	»	9	»	4	8	»	12	»	4
2	»	7	»	5	5	»	10	»	5	8	»	13	»	5
2	»	8	»	6	5	»	11	»	6	8	»	14	»	6
2	»	9	»	7	5	»	12	»	7	8	»	15	»	7
2	»	10	»	8	5	»	13	»	8	8	»	16	»	8
2	»	11	»	9	5	»	14	»	9	8	»	17	»	9

3	ôté de	4	reste	1	6	ôté de	7	reste	1	9	ôté de	10	reste	1
3	»	5	»	2	6	»	8	»	2	9	»	11	»	2
3	»	6	»	3	6	»	9	»	3	9	»	12	»	3
3	»	7	»	4	6	»	10	»	4	9	»	13	»	4
3	»	8	»	5	6	»	11	»	5	9	»	14	»	5
3	»	9	»	6	6	»	12	»	6	9	»	15	»	6
3	»	10	»	7	6	»	13	»	7	9	»	16	»	7
3	»	11	»	8	6	»	14	»	8	9	»	17	»	8
3	»	12	»	9	6	»	15	»	9	9	»	18	»	9

22ᵉ LEÇON

Récapitulation de la Première Partie

La lu ne a u ne lu miè re pâ le. La pé da le du pia no. La pa ra de fe ra ri re.

La pu re té de l'â me. L'é pi do ré. U ne pa ro le du re mè ne à la co lè re.

La bo nne a ca ssé u ne sa liè re. Pa pa vi de ra la cu ve. La ca ge du ca na ri.

Bé bé a sa li la na ppe. I mi te le mo dè le fa ci le. La lo co mo ti ve fi le vi te.

Le ki lo de ca fé mo ka. Le cu ré li ra la pa ra bo le. La pa tè ne du ca li ce.

La sa la de de cé le ri. Le jo li é qui pa ge do ré. Le ca ta lo gue de l'é co le.

L'é vê que fe ra la quê te à la cé ré mo nie. U ne mé na gè re é co no me.

La pe ti te ca ba ne de Ma xi me se ra so lide. Le pi lo te di ri ge le na vi re.

L'a bbé m'a do nné u ne i ma ge. U ne guê pe a pi qué pa pa à la fi gure.

23ᵉ LEÇON

Suite de la précédente

Dio do re a é tu dié le pia no. Ce ba ga ge me
gê ne. Dé si ré a vi si té le mu sée.

Le ri va ge de la ri viè re. Le bé né fice lé gi ti me.
U ne pe ti te é ta gè re.

Le dô me de l'é di fi ce me na ce rui ne. Ta mè re
te fe ra u ne ca po te.

Le lu xe de la pa ru re se ra ri di cu li sé. Le
na vi re a su bi u ne a va rie.

Cy ri lle va li re u ne pa ge de ce jo li vo lu me
do ré. U ne ma xi me sé vè re.

I mi te la pu re té de Ma rie, mè re de Jé sus.
Bo ni fa ce a vé né ré la re li que.

Le pa pa de Cé li ne a tué u ne vi pè re. A ga te
se co rri ge ra de sa lé gè re té.

Ca ro li ne a fi ni sa pa ge. Ju lia a é té dé co rée
à l'é co le. Le mo no lo gue di ffi ci le.

La quê te de la fê te a é té bo nne. A mé lie a
é ga ré sa ca pe li ne.

24° LEÇON

b l = bl *Bl*

bla ble bli blé blo blè blu blê

bla ble bli blé blo blè blu blê

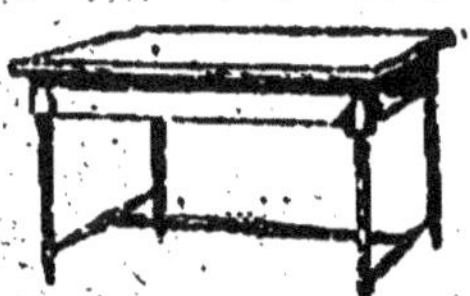

ta ble, blâ me, fa ble, blo qué, bla gue
ci ble, blê me, su bli me, blâ ma ble
a ffa ble, o bli que, bi ble, câ ble.

La ta ble de l'é co le. La fi gu re blê me du ma la de.
U ne pa ro le blâ ma ble. U ne bla gue de ta bac.

Le câ ble du na vi re. E li sa a lu u ne pa ge de
la bi ble. La bi blio thè que du curé.
U ne ma niè re a ffa ble. Noé mi ti re à la ci ble.
La su bli mi té de la mo ra le.
L'é lè ve a ré ci té u ne fa ble. Ma mè re se
ré ta bli ra vi te de sa ma la die.
blés, du ra bles, o blat, di ri gea bles.

Soustractions

832	640	528	759	594	654	516
521	410	316	243	402	320	304
311	230	212	516	192	334	212

c l = cl *Cl*

cla cle cli clé clo clè clu clê

cla cle cli cle clo clè clu clê

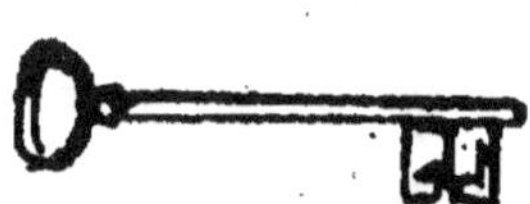

cla sse, cli ni que, cy cle, cli que
clô tu re, Clu ny, mi ra cle, cla que
clé ri ca le, ra clu re, clé ma ti te
clé, cla vi cu le.

Cléo mè ne a vu le mi ra cle. U ne cla sse mo dè le.
La cli ni que de pa pa. La clô tu re du ju bi lé.

La clé de la ca ve. Le ju ry a é té dé fa vo ra ble
à Da ma se. E lie a se mé du blé.
Lu ce se ra blâ mé de pa pa. Ba si le a vu
Do mi ni que à la fê te de Pâ ques.
Si do nie a u ne so li de pié té. De ni se i ra à la
sa lle co mmu ne. La li ma ce de la sa la de.
clos, é clat, cli mat, é clos, o ra cles.

Soustractions

2 4 6	5 6 8	1 5 8	8 0 9	5 4 8	6 4 5	3 3 8
1 1 4	3 5 0	1 2 1	7 0 4	2 1 0	4 3 2	2 1 3
1 3 2	2 1 8	0 3 7	1 0 5	3 3 8	2 1 3	

f l = fl *fl*

fle fli flé flo flè flu flê fla

fle fli fle flo flè flu flê fla

si fflé,   flû te,   fla mme,   flo tte
ra fle,   fla né,   gi ro fle,   flo re
flu via le,   fla que,   fla tte rie,   gi fle
o ri fla mme,   é ra flu re.

La lb co mo ti ve si ffle. Ca mi lle a ca ssé la clé de
sa flû te. L'o ri fla mme de Jea nne.

La flo tte va à la cô te. La clé ma ti te de la
flo re à pa pa. Ju les se ra gi flé.
Théo do re a flà né. Ma gi ro flée se fa ne. U ne
ta ble d'é ra ble. Le sa ble du ri va ge.
É li se a é ga ré la clé de la bi blio thè que. La
do ru re de la ca ri ca tu re.
flot, flux, fla quée, flû tée.

Soustractions

972	632	536	748	654	867	142
471	521	314	534	433	625	221
501	111	522	214	221		

g l - gl *Gl*

gle gli glé glo glè glu glê gla

gle gli glé glo glè glu glê gla

glo be, gla ce, gla né, glè be, glu me

rè gle, gli ssa de, glo ria, né gli gé

glo tte, glu co se, glo bu le, glu.

Gly cé ri ne, glo ri fié.

E léo no re se né gli ge. La gla ce de la sa lle. Le glo be de la cla sse. Zé lie a gla né.

Jé rô me a ca ssé sa pe ti te rè gle de buis. La bo nne rè gle ra la no te sa me di mi di.

Le gla cis de l'i ma ge. Ro si ne a gli ssé. Le ca na ri a dé mo li le nid de la se ri ne.

La gli ssa de de la rue. La glu me du blé. Le glui de la ca ba ne. Le ti ra ge de la lo te rie.

glas, gly ci nes, gla cée

Soustractions

969	876	980	696	725	493	432
744	705	550	424	512	372	221
225	171	430	272			

p l = pl *Pl*

pli plé plo plè plu plê pla ple

pli plé plo plè plu plê pla ple

plu me, pla ce, pla que, di plô me
pllé, pla te, dè plo ra ble, plu ma ge
pla ta ne, pu bli que, pli, Pla ci de
plé nlè re, pla ge.

———

Pla ci de se ra di plô mé. La pla ce pu bli que. Le pli dé plo ra ble Le jo li plu ma ge.

———

Le sa ble de la pla ge. Flo ra a une bo nne plu me. A mé lie a plié sa pa ge.

Le pla ta ne de la pla ce pu bli que se ra a ba ttu. Ta va ni té a dé plu à ma mè re.

Le re pos de la ca ra va ne. Hi ppo ly te a vi si té Ro me, la ca pi ta le de l'I ta lie.

plus, pllt, pluie, plu mée.

———

Soustractions

9 7 1	6 2 7	3 7 6	8 6 7	3 8 8	8 4 2	8 6 8
4 8 2	4 1 8	1 8 2	5 9 6	2 6 7	2 1 7	4 7 2
8 1 9	2 0 9	1 9 4	2 7 1	0 9 1	6 2 5	0 9 6

b r = br ℬ𝓇

bri bré bro brè bru brê bra bre

bri bré bro brè bru brê bra bre

sa bre, brè ve, bru me, bro dé
bri de, bro sse, bri que, li bre
bru ni, brû lé, bri ga de, bra vo
bra que, bri co le, bri ma de.

Le sa bre, la bro sse du bra ve Bru no. Le rô ti se brû le. Le vi lla ge cé lè bre sa fê te.

U ne pa ro le brè ve. Pa co me a vu le dé fi lé de la bri ga de. La pe ti te bre bis bê le.

Le plat o va le. Ge ne viè ve fe ra la bro de rie de la ro be bru ne à ma mè re.

Léo ni de va à l'é co le li bre. Mé la nie s'o ccu pe à la cui si ne. La bri ma de du co llè ge.

Brie, Bru ges, bruit, broc, bra sse rie, bras.

Soustractions

8 5 7	9 7 8	7 4 3	6 7 6	3 8 8	8 4 0	4 4 7
6 4 9	7 8 3	5 2 4	2 5 9	2 9 7	5 0 1	3 3 9
2 0 8	1 9 5	2 1 9	4 1 7	0 9 1	3 3 9	

c r = cr *Cr*

cré cro crè cru crê cra cre cri

cré cro crè cru crê cra cre cri

cra va te, crâ ne, crè me, cri me
cra be, crê pe, su cre, cro sse
cri ble, sa cri fi ce, cri ti que
chro mo, chrê me, chry sa li de.

La cro sse de l'é vê que. A nne a sa li sa jo lie cra va te. La cri ti que fa cile. Le cri me ho rri ble.

Pa pa a u ne é cri tu re mo dè le. Le ju ge sé vè re pu ni ra le cri me. La cré du li té de la bo nne.

Le crâ ne dé nu dé. Le jo li chro mo de l'é ta la ge. La pa ge d'é cri tu re. Jé sus a é té cru ci fié.

La crue de la ri viè re. U ne crê pe su crée. Ca ro li ne a é tu dié la chro no lo gie.

cris, cré dit, cric, cru ci fix, é crit.

Soustractions

846	628	417	618	783	497	783
437	599	378	597	698	380	298
108	020	039	021	085		

d r = dr 𝒟𝓇

dré dro drè dru drê dra dre dri

dré dro drè dru drê dra dre dri

dra me, ca dre, ci dre, dra go nne
cè dre, drô le, dra pé, drul de, dru
la dre, dra gue, dra ma ti que, dro gue
Drô me, dro la ti que.

Le blé se ra dru. Le ca dre do ré. U ne dro gue
a mè re. U ne piè ce dra ma ti que.

Ru ti le va à la fa bri que. Le cè dre de la fo rêt.
La dra go nne du sa bre. U ne mé tho de fa ci le.
O né si me fe ra u ne piè ce de ci dre. Cla ra a vu
le dra me de la fo lle. Su cre ta crè me.

Le sa cri fi ce su bli me. Le re mè de, la dro gue du
ma la de Le ta pis de la ta ble.

drap, dra gée, dro gue rie.

Soustractions

8 0 7	8 8 1	2 5 5	8 2 2	9 0 2	4 7 7	8 9 5
3 4 1	7 2 9	1 4 7	2 8 9	8 6 7	3 8 8	4 5 9
1 6 6	1 5 2	1 0 8	5 3 3			

f r = fr

fro frè fru frê fra fre fri fré

fro frè fru frê fra fre fri fré

frè re, fi fre, frê ne, fré mi, fri me
frê le, fro ma ge, fru ga le, fra gi li té
fré ga te, fri tu re, fri vo li té
fro tta ge, fré né ti que.

La fra gi li té du glo be. Le fi fre de Lu ci le.
A mé dée te dira u ne fri vo li té.

Ni co las di ri ge la fré ga te. Théo du le a vu u ne
é cré vi sse. Zé no be a la fi gu re bru nie.

Le frè re de Ro sa lie se ra puni de sa pa ro le
li bre. Le pa rri ci de a fré mi.

Flo ri ne se ré ga le ra de la fri tu re. L'é qui pa ge
de la fré ga te. U ne sa ge é co no mie.

fruit, fri cot, fri mas, frit, fré né sie.

Soustractions

743	480	874	987	283	694	888
705	393	586	498	135	676	199
038	086	288				

g r = gr 𝒢𝓇

gro grè gru grê gra gre grï gré

gro grè gru grê gra gre gri gré

ti gre, grâ ce grê le, gri ve

gro tte, gri ppe, grè ve, gri ffe

gra de, gro sse, gra vé, gra ppe

gra mme, gre na de, gre lot.

U ne gra vu re a gré a ble. Fé li cie a vi si té la vi lle de Gre no ble. La gra vi té de la ma la die.

La ca ge du ti gre. La grè ve a é cla té à l'u si ne La bri de, le gre lot du pe tit â ne.

A na to le a u ne ca po te d'é to ffe gri se. Su za nne s'a bri te de la grê le. La gri ve vo le.

Le cré dit a gri co le. U ne gra ppe é gre née. Ma xi me a é té gra dé. Le vi ce dé gra de l'ho mme.

gril, gras, gros, grue, gris, grès.

Soustractions

5 4 5	7 4 8	9 0 7	5 8 7	4 0 8	4 2 8	3 7 7
4 8 6	6 5 7	7 1 8	4 7 0	3 5 0	3 9 8	2 8 9
0 5 9	0 9 1					

p r = pr ℘ᵢ

prè pru prê pra pre pri pré pro

pre pru prê pra pre pri pre pro

pro pre, pru ne, lè pre, pri me,
prê té, pri vé, pro prié tè, pré,
pro blè me, pro ba ble, pra ti que,
pra li ne, pré fé ré.

— ✻ —

Le ca pri ce du ma la de. Le pro blè me di ffi ci le.
Le cu ré fe ra le prô ne. La li mi te de la pro prié té

———————⚬⚬⚬———————

U ne bo nne pra ti que de pié té. Bri gi tte li ra la
pré fa ce du vo lu me.
Le sa ge pré fè re l'u ti le à l'a gréa ble. Ta pro pre té
a plu à ma mè re.
Le pré lat a pré si dé la cé ré mo nie. Fé li ci té
pri se. A po lli ne fe ra la priè re.
mé pris, près, prix, prêt, pri mat.

———————

Soustractions

8 9 8	9 4 4	8 9 7	8 2 1	7 9 8	9 8 7	7 9 7
7 8 9	8 9 5	5 6 8	3 3 4	6 9 9	3 6 9	5 6 8

1 0 9

t r = tr

trè tru trê tra tre tri tré tro

trè tru trê tra tre tri tré tro

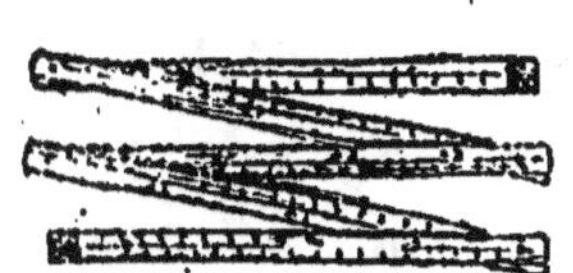

mè tre, prê tre, tra me, trê ve,
trô ne, tra ce, tra ppe, pu pi tre,
ma râ tre, fe nê tre, tri bu ne,
tro tte, tri ni té.

L'è pî tre de l'a pô tre. Le trô ne, la mi tre, la cro sse de l'é vè que. La tra ce de la trame.

Le glas du tré pas. Hé lè ne va à la tri bu ne de 'é gli se. La trê ve de la tri bu.
U ne fe nê tre de qua tre mè tres. Le pu pi tre de la cla sse. Une bo tte de trè fle.
Le ba ga ge fra gi le. La tra vée de l'é di fice. Ma rie tri co te u ne ca mi so le.
trop, pa trie, pla tras, trés, trot, tri cot, tri but.

Soustractions

625	704	285	262	982	668	776
173	746	256	183	793	540	489

v r = vr *Vr*

vru vrê vra vre vri vré vro vrè
vru vrê vra vre vri vre vro vre

llè vre, li vre, se vré, dé li vré,
vi vre, l vre, gl vre, lè vre, l vry,
oa da vre, ge nlè vre, Nlè vre,
Blè vre, Ha vre.

Le gî te du liè vre. L'é pi ce rie dé li vre ra u ne
pri me. La bo nne i ra à I vry. Le li vre de l'é lè ve.

La pro me na de se ra très a gréa ble. La gro sse
lè vre du nè gré. Vo tre frè re a tué ce liè vre.
Pa tri ce se ra dé li vré de sa re te nue à l'é co le.
La Biè vre pa sse à Pa ris.
La fê te de la Tri ni té. E ve a de la flè vre
Ré mi a été ba ttu. Ju les é crit trop vi te.
Sè vres, li vrée, lè vres.

Soustractions

7 8 1	2 4 5	2 0 7	8 5 4	4 9 8	7 5 5	7 6 7
4 8 9	1 7 6	1 3 8	7 6 9	3 8 0	5 6 6	1 7 8

37e LEÇON

c h = ch *Ch*

chu chê cha che chi ché cho chè

chu chê cha che chi che cho chè

cha tte, po che, chu te, pé ché,
chi che, clo che, cho pe, chê ne,
cil ché, cha ri té, bro chu re, Chi li,
A chi lle, Cha vi lle.

U ne ri che ca lè che. La cha ri té du zé lé cu ré.
La cha tte a dé chi ré la ro be de Ma ria.

La clo che de la fa bri que so nne. E vi te la lè pre
du pé ché. La va che va à la pâ tu re.
J'a chè ve ma pé ni ble tâ che. La che mi née de
l'u si ne fu me. A chi lle a é té à Cha vi lle.
Le châ le de la ri che da me. Le chê ne de la
fo rêt. La li vrée de Ca mi lle.
chat, che nil, chah, chi cot, cho co lat.

Soustractions

5 6 0	8 3 4	4 4 5	7 4 1	4 7 8	6 2 7	8 4 5
4 5 3	7 4 5	2 1 0	5 2 4	3 2 0	4 6 9	4 7 3

g n = gn (ni e) *Gn*

gne gna gne gni gné gno gnè gnu
gné gna gne gnu gné gno gne gnu

cy gne, li gne, ga gné, si gna tu re'
vi gne, ro gnu re, di gni té, i gno ré,
si gne, Bre ta gne, si gna lé, si gné
vi gno ble, ma gni fi que.

———

De nis do nne ra sa si gna ture. Le ju ge i gno re la
vé ri té. Dio gè ne pio che sa vigne.

———

Le na vi re a é té si gna lé. U ne grê le ho rri ble
a ra va gé ce ma gni fi que vi gno ble.
Le pè re Tho mas pê che à la li gne. La gra vu re
a gréa ble de la bro chure.
L'o ra ge a bri sé u ne po ti che. E mi lie vi si te ra
le ci me tiè re. La mu si que du vi lla ge pa sse.
Le mât de co ca gne du pa tro nage.

———

Soustractions

820	916	900	717	601	878	376
470	797	454	377	542	479	189

p h = ph (fe) *Ph*

phê pha phe phi phé pho phè phu

phê pha phe phi phé pho phè phu

pha re,   pha lè ne,   pho que,   pha se
pho no gra phe,   é pi ta phe,   pa ra phe
té lé pho ne,   té lé gra phe,   a pho ne
Phi li ppe.   Phi lo mè ne.

U ne é pi ta phe ri di cu le. Le mi ra cle du pro phè te
E lie. Le cli ché du pro to gra phe.

Le pho no gra phe a dé cla mé.   Le pha re gui de le
na vire. Le pa ra phe de la si gna tu re.
Phi lo mè ne a té lé pho né.   Phi lip pe a ta ché sa
po che. Le siè cle phi lo so phe.
Le pho to gra phe a ga gné le gros lot.   La crè che
du pe tit Jé sus. La pro prié té du ri che.
pho to gra phie, géo gra phie, ty po gra phie.

Soustractions

3 1 5	9 3 1	3 8 9	8 1 0	5 4 8	6 7 8	8 3 0
1 7 6	6 9 8	2 9 0	7 7 9	3 5 7	2 7 6	6 7 3

TABLE DE MULTIPLICATION

1	fois	1	fait	1	4	fois	1	font	4	7	fois	1	font	7
1	»	2	»	2	4	»	2	»	8	7	»	2	»	14
1	»	3	»	3	4	»	3	»	12	7	»	3	»	21
1	»	4	»	4	4	»	4	»	16	7	»	4	»	28
1	»	5	»	5	4	»	5	»	20	7	»	5	»	35
1	»	6	»	6	4	»	6	»	24	7	»	6	»	42
1	»	7	»	7	4	»	7	»	28	7	»	7	»	49
1	»	8	»	8	4	»	8	»	32	7	»	8	»	56
1	»	9	»	9	4	»	9	»	36	7	»	9	»	63
2	fois	1	font	2	5	fois	1	font	5	8	fois	1	font	8
2	»	2	»	4	5	»	2	»	10	8	»	2	»	16
2	»	3	»	6	5	»	3	»	15	8	»	3	»	24
2	»	4	»	8	5	»	4	»	20	8	»	4	»	32
2	»	5	»	10	5	»	5	»	25	8	»	5	»	40
2	»	6	»	12	5	»	6	»	30	8	»	6	»	48
2	»	7	»	14	5	»	7	»	35	8	»	7	»	56
2	»	8	»	16	5	»	8	»	40	8	»	8	»	64
2	»	9	»	18	5	»	9	»	45	8	»	9	»	72
3	fois	1	font	3	6	fois	1	font	6	9	fois	1	font	9
3	»	2	»	6	6	»	2	»	12	9	»	2	»	18
3	»	3	»	9	6	»	3	»	18	9	»	3	»	27
3	»	4	»	12	6	»	4	»	24	9	»	4	»	36
3	»	5	»	15	6	»	5	»	30	9	»	5	»	45
3	»	6	»	18	6	»	6	»	36	9	»	6	»	54
3	»	7	»	21	6	»	7	»	42	9	»	7	»	63
3	»	8	»	24	6	»	8	»	48	9	»	8	»	72
3	»	9	»	27	6	»	9	»	54	9	»	9	»	81

40ᵉ LEÇON

ai ei es est (è)

16

lai ne, mai re, ba lai, pai re, sai ne
vai ne, hai ne, fai ble, vi oai re
hu mai ne, fai re, ai me, ai le
aî né, ai gle.

cei ze, nei ge, vei ne, rei ne, pei ne, sei ne, bei ge
tei gne, sei gle, pei gne, ha lei ne, trei ze, ba lei ne
mes, tes, ses, les; des, ces, n'est, c'est.

———————

Le salut militaire. Le domaine du maire. Le peigne de la reine. La sévérité du maître.

La peine mérite salaire. Madeleine a tricoté ces bas de laine beige. Hilaire est libraire.

La semaine prochaine j'écrirai à ma marraine. La Seine passe à Paris. Une rose fraîche. Une graine de réséda. La chaîne de l'attelage.

mais, lait, raie, fait, taie, palais, aimait, faix.

———————

Multiplications

1 1 2	1 2 4	1 0 4	1 1 3	9 0 2	7 2 3	3 2 2
1	1	1	1	1	1	1
1 1 2	1 2 4	1 0 4	1 1 3	9 0 2	7 2 3	3 2 2

au eau (o)

fau te, pau vre, tau pe, gau che
bau me, sau le, gui mau ve, au ne
pau me, sau va ge. au tru che
sau vé, chau miè re.

eau, reau, seau, veau, peau, tau reau, cha peau
bu reau, po teau, ra meau, ri deau, ni veau, ça deau
châ teau, gâ teau, cha meau, dra peau.

Pauline m'a fait ce beau cadeau. Le chameau a bu de l'eau,
Le drapeau tricolore du château.

Le rideau de la fenêtre est sale. Ce tableau est défraîchi.
La chaumière du pauvre aveugle.

L'épaule gauche. Le seau d'eau chaude. Paul va au bureau.
La chaîne du traîneau. La peau du veau.

La hutte du sauvage. Le poteau télégraphique. La tisane
de guimauve. Le niveau de l'eau a baissé.

chaud, saut, faux, chaux, haut, Meaux.

Multiplications

3 1 2	4 2 0	2 1 4	4 1 3	3 0 2	4 0 4	3 4 3
2	2	2	2	2	2	2
6 2 4	8 4 0	4 2 8	8 2 6	6 0 4	8 0 8	6 8 6

eu œu (e) eur œur

jeu, peu, feu, seu le, neu ve, jeu di
meu le,   che veu,   neu tre,   beu gle
heu re,   meu ble,   peu ple,   œu vre
ma nœu vre, vœu, œuf, bœuf.

sa peur,   lai deur,   ma jeur,   mi neur,   mo teur.   ra geur
fleur,   cha leur,   vo leur,   gro sseur,   sa veur,   va peur
fu reur,   meur tre,   cœur,   mœurs,   sœur.

La laideur du vice.   La peur du jeune voleur.   Le seigneur
du village.   Le bateau à vapeur.

Eugène ira jeudi à la promenade.   Le pêcheur a bu la
limonade gazeuse.   Les phases de la lune.

Ce breuvage est salutaire.   Une affreuse maladie.   La chaise,
le bureau du moniteur de l'école.

La peuplade sauvage.   La fureur du bœuf.   La vache beugle.
Le taureau mugit.   Eulalie a peur du feu.

heureux, peureux, nœud, deux, peut, veux.

Multiplications

6 2 0	5 1 2	4 2 3	6 1 3	5 3 3	4 3 2	6 2 2
3	3	3	3	3	3	3
1 8 6 8	1 5 3 6	1 2 6 9	1 8 3 9	1 5 9 9	1 2 9 6	1 8 6 6

4

12   ou   our

dou ze,   cou cou,   jou jou,   tou tou
fou le,   pou,   ge nou,   dou ce,   mou le
cou ra ge,   voû te,   pou le,   sou cou pe
mou,   sou,   chou crou te.

tour, jour, four, pour, cour, a mour, sour de, bour be
lour de, pour pre, gour de, four mi, pour tour, dé tour
re tour, au tour, bour se, four ni tu re.

Ma sœur a été guérie à Lourdes. La poule rousse couve. La route de la bourgade.

Ce manœuvre a du courage. Eugénie éprouve une douleur au genou gauche. Une lourde bourse.

La poupe du paquebot. Blaise a déchiré sa blouse. Le pourtour de la cour. Ma boule roule.

Une louve farouche. Une soucoupe de semoule. Le filou rôde au détour de la route.

toujours, beaucoup, sourd, cours, lourd, proue, bourg.

Multiplications

721	612	520	711	610	522	702
4	4	4	4	4	4	4
2884	2448	2080	2844	2440	2088	2808

44ᵉ LEÇON *(Sons nasals)*

an   am   en   em

100

lan ce,   tan te,   dan se,   ma man
ru ban,   san té,   ram pe,   jam be
cam pé,   tam bour gam ba de,   an ge
am bre,   An dré,   Jean.

———————

dé fen se,   no vem bre,   dé cem bre,   tem pê te,   em pi re
sen ten ce,   pen du le,   en sem ble,   ven te,   en ten du
tem ple,   ren te   Hen ri.

———————

André joue du tambour. Maman achètera une lampe à la vente de charité.

Ma tante demande le ruban rouge. Tout voleur est menteur Jean a mangé toute sa soupe.

L'ange du Seigneur a salué Marie Mère du sauveur. Henri est rentré de l'école. Une violente tempête.

L'heure sonne à la pendule de la chambre. André à une bonne santé. Clémentine ira à la campagne dimanche.

cent, dans, camp, rang, sans, dent, enfant, vent.

———————

Multiplications

6 2 5	7 5 2	6 3 3	7 4 4	6 2 6	7 5 4	5 9 7
5	5	5	5	5	5	5
3 1 2 5	3 7 6 0	3 1 6 5	3 7 2 0	3 1 3 0	3 7 7 0	2 9 8 5

on   om

11	mon, ton, son, bon, mou ton, non con fon du, bou ton, ca non, bâ ton fla con, bon bon, mon tre, .hon te Si mon, Lé on, Si mé on.

pom pon,   som bre,   rom pre,   nom bre,   bom be tom beau, com ble, tom be, com te, co lom be, nom com pa gnon, tri om phe, om bra ge, pan ta lon.

Léon a égaré le bouton de son beau pantalon. Mon oncle est au salon. Le bon macaron.

Simon est toujours sombre.   On a entendu le son du canon. La tonsure du vicaire.

Les progrès des élèves, sont la récompense du dévouement des maîtres.   La candeur de l'enfance.

Votre conduite est coupable.   Le vent violent.   Clément est bon enfant. Le moteur de l'automobile ronfle.

rond, pont, bond, gond, front, long, mont, fond.

Multiplications

862	726	657	875	747	674	893
6	6	6	6	6	6	6
5172	4356	3942	5250	4482	4044	5358

46e LEÇON

in im ein yn ym ain aim

20

vin, pin, lin, fin, lu tin, la pin
mou lin, tim bre, sim ple, lim pi de
ca le pin, sym bo le, cym ba le
syn ta xe, syn co pe.

---

bain, main, vain, sain, pain, tein te, se rein, daim
faim, é taim, vi lain, pein tre, cein tu re, de main
le vain, Va len tin, An to nin, Ro main, Lu cain.

Lazare se leva du tombeau à la parole du divin Maître. Le ravin du chemin est impraticable.

Antonin récite le symbole des apôtres chaque jour. Lucain ira au bain demain matin.

Mon cousin Valentin a chanté le refrain du cantique. Le carabin a égaré son calepin.

Le pain est la principale nourriture du pauvre. Grand père a des rides au front.

saint, vingt, peint, seing, reins.

Multiplications

732	823	673	854	745	874	950
7	7	7	7	7	7	7
2 1	1 2	5 2	3 2	3 3	5 2	3
5124	5761	4711	5978	5215	6118	6650

un   um

1

a lun, cha oun, tri bun, dé fun te
co mmun, lun di, au oun, brun
a jeun, hum ble ment, Au tun, Me lun
Lou dun.

Un rameau est une petite branche. Un bon cœur est préférable à un joli visage.

J'ai été à Melun lundi. Le peintre a vendu un magnifique tableau. Un petit âne brun.

La chanson du petit ramoneur. Un beau trait de probité. L'alun est un bon remède.

Le compagnon de mon frère est malade. Ce petit enfant mange un croûton de pain.

Le chasselas de Fontainebleau est renommé. La jalousie est un vilain défaut. Le tribun est à jeun. Raymond a un bon outil.

défunt, paix, flanc, sang, les uns les autres.

Multiplications

2 3 7	3 2 8	4 7 6	5 5 8	6 4 7	4 8 8	2 7 9
8	8	8	8	8	8	8
1 8 9 6	2 6 2 4	3 8 0 8	4 4 6 4	5 1 7 6	3 9 0 4	2 2 3 2

48ᵉ LEÇON

Etude des Diphtongues

oi (oa)   oir (oar)   ien (i-in)

moi, toi, sol, lol, rol, foi, toi le
poi vre, boi re, é cu moi re, poi re
é cri toi re, boî te.

ti roir, voir, mi roir, sa loir, soir
bon soir, dé vi doir, a rro soir
mou choir, de voir.

mien, tien, sien, lien, bien, rien, chien, mu si cien
an cien, vau rien, sou tien, chré tien.

Bonne Marie, ma divine Mère, je suis à toi, si je m'égare du droit chemin, ramène moi.

Ce soir Julien fera bien son devoir. Grégoire a un joli mouchoir brodé. Ce petit oiseau siffle bien.

Lucien deviendra un habile musicien. La bière est une boisson très saine.

Le miroir est dans le tiroir du boudoir. Le chien aboie. Flavien a une bonne mémoire.

foie, pois, doigt, choix, fois, trois, soie, croix.

Multiplications

347	653	464	375	576	499	967
9	9	9	9	9	9	9
46	42	43	64	65	88	66
7623	5877	4086	3375	5184	4491	8703

ian   iau   ieu   ion   oin   ou.   uin

vian de,   rian te,   con flan ce,   va rian te,   mé flan ce

Dieu,   lieu,   pieu,   mi lieu,   a dieu,   mieux,   cieux

lion,   pen sion,   ca mion,   re li gion,   réu nion,   pion

coin,   loin,   té moin,   poin te,   moins,   be soin,   soin

Louis,   foul ne,   ré joui,   é bloui,   cam bouis,   oui

miau le,   plau le,   juin,   suin te,   Ha lluin.

Louis se tient bien dans le lieu saint. Les vœux du religieux. Dieu voit tout.

Le témoin a soin de dire la vérité. La poire est un fruit délicieux. Le lion dévore la viande.

Le poussin piaule. La chatte miaule. Magloire fera son chemin. Le triangle de la fanfare.

Antoine ira à la chasse au mois de juin. Eloi soigne bien son petit chien. Antonin ira en pension l'année prochaine. Le lourd camion.

Multiplications

4 8 7	8 5 4	9 6 5	7 8 9	8 7 9	9 8 4	4 7 7
3	4	5	6	7	8	9

QUATRIÈME PARTIE

Syllabes inverses. — Difficultés de la lecture courante

50ᵉ LEÇON

ab ab ju ré, ab di qué, ab cès, ab so lu, ab sou te.

ao ac te, ac cé lé ré, ac ti vi té, ac cès, ac ci dent.

ad ad ju gé, ad mi ra ble, ad mi ssi ble.

al al to, al ti tu de, al cô ve, al ca li, al bâ tre, Al bi.

ar ar mée, ar bi tre, ar bre, ar tè re, ar ca de, Ar dè che.

as as pi ré, as tu ce, as pé ri té, as tro lo gue, as tre.

---

el ré el, du el, ac tu el, mu tu el, Da niel.

er er mi te, er go té, her nie, her mi ne, her se.

es es poir, es pé ran ce, es ca dre, es prit, es ti me.

ex ex trê me, ex po sé, ex pri mé, ex tra, ex pié.

---

ad mi ré, es pè ce, Ir ma, is ma é li te, Is ly, es pa ce,
ex pi ré, ar ti fi ce, ap ti tu de, if.

Al sa cé, ap te, ad ju dant, al gè bre, ar ti cle, es pion,
Al gé rie, as pi ran te, ar ti cu lé, es cri me, es cla ve.

Divisions

```
4 6 8 | 2        8 6 4 | 2        6 4 8 | 2        6 8 4 | 2        8 6 2 | 2
0 6   | 2 3 4    0 6   | 4 3 2    0 4   | 3 2 4    0 8   | 3 4 2    0 6   | 4 3 1
  0 8            0 4              0 8              0 4                0 2
    0              0                0                0                  0
```

5I° LEÇON

ob ob te nu,   ob sé dé, ob sè ques,   ob tus.

oo oc to bre,   oc ta ve,   oc to go ne,   oc troi,   oc to gé nai re.

or or do,   or ge,   or gue,   or di nai re,   or dre,   or du re.

os os ten si ble,   hos tie,   os ten soir,   hos ti le.

---

ul ul cè re,   ul tra,   ul té rieur.

ur ur bai ne,   ur ne,   ur gen ce,   ur ti cai re,   ur su li ne.

us mé di us,   us ten si le,   us,   Ma ri us.

---

op té,   or ga ne,   op ti que,   ar ba lè te,   ar gi le,   ma nu el

Oc ta ve,   Sa mu el,   No ël,   Ar sè ne.

ar dent,   or tho gra phe,   al co ol,   or phe lin,   al té ré

ar got,   al bu mi ne,   ar chi ves,   Ar co le,   Al ma.

Irma a abjuré.   Ursule espère obtenir une place lucrative.

Arsène a un beau manuel.

Octave a opté,   Samuel souffre d'un ulcère.   Daniel ornera la salle des fêtes.   Noël ira à Albi.

Divisions

```
5 6 4|3        6 4 5|3        4 5 6|3        7 8 6|3        8 7 6|0
2 6  |1 8 8    0 4  |2 1 5    1 5  |1 5 2    1 8  |2 6 2    2 7  |2 9 2
0 2 4|         1 5  |          0 0 6|         0 0 6|         0 0 6|
0 0  |         0 0  |          0    |         0    |         0    |
```

52° LEÇON

ao bac, fac ti ce, lac té, sac, ca rac tè re, fac tu re

al val, mal, hô pi tal, pal me, bo cal, mé tal, ca nal

ar car na val, car di nal, gar de, mar di, car te

as pas to ral, Pas cal, mas que, bas que, cas ca de

---

ec sec, bec, a vec, lec tu re, sec te, co rrec te, di rec te

el sel, tel, quel, co lo nel, ca ra mel, A bel, Mar cel

er mer ci, ver te, fer me, é ter nel, ma ter nel, per ver se

es fes ti val, fu nes te, pes te, res te, Er nes ti ne

---

ic vic ti me, mas tic, pic, sic, as pic, Lu do vic

if vif, ob jec tif, tar dif, ad jec tif, mo tif, cap tif

il ci vil, per sil, pé ril, vi ril, s'il, mil, fil

ir ob te nir, fi nir, par tir, gar nir, tir, bé nir

---

li ber té, ob ser va toi re, ra di cal, fra ter nel, bas cu le

a ppar te nir, les te, É pi nal, syn di cal, mé di cal

Divisions

```
952|4      592|4      936|4      844|4      876|3
15 |238    19 |148    13 |234    04 |211    07 |219
032|       032|       016|       04 |       36 |
00 |       00 |       00 |       0  |       00 |
```

53ᵉ LEÇON

ol col, vol, mol, fol, bol, sol, bé mol, sol dat

or for ce, sor tir, ma jor, cor po rel, for mel

os pos tal, mos quée, cos tu me, ri pos te, Pros per

---

ul nul, cal cul, Sul pi ce, cul tu el

ur a zur, pur, dur, mur, sur, Ti bur ce

us jus te, ro bus te, ar bus te, Gus ta ve, Jus ti ne

---

dex té ri té, sub mer gé, por te, ré sis té, sub til, suc cès
Ur bain, Al phon se, Or ne, Ca si mir, Os car
bar be, dé gel, ger be, as per ge, bar que, rup tu re
tu mul te, For tu né, Syl ves tre, Nes tor, Vic tor.

Le cardinal va bénir la multitude. Le pli postal partira ce
soir. Une gerbe superbe. Le buste de Victor. Le costume
écarlate du général. La modeste veste du caporal. La barbe
du garde. La vaste nef de l'église.

Divisions

```
7 9 5 | 5       6 7 0 | 5       8 7 5 | 5       9 7 0 | 5       7 4 5 | 5
2 9   | 1 5 9   1 7   | 1 3 4   3 7   | 1 7 5   4 7   | 1 9 4   2 4   | 1 4 9
0 4 5 |         0 2 0 |         0 2 5 |         0 2 0 |         0 4 5 |
  0 0 |           0 0 |           0 0 |           0 0 |           0 0 |
```

Quelques difficultés de la lecture courante

ill, il, mouillés

all   bail, bé tail, tra vail, co rail, ca mail, por tail

a ille   ca ille, ta ille, pa ille, vo la ille, ba ta ille

eil   pa reil, so leil, ré veil, con seil, so mmeil

ei lle   a bei lle, bou tei lle, cor bei lle, o rei lle

euil   fau teuil, é cu reuil, or gueil, cer feuil, œil

lle   bri lle, fi lle, gri lle, bi lle, che ni lle, fa mi lle

Le bail de la ferme. Le camail du chanoine. Le corail de la mer. Le vantail de la porte.

Le sommeil du juste. Le soupirail du caveau. La dorure de la grille brille au soleil.

Le conseil de famille. La chaise de paille. Le travail de l'abeille. Le réveil du bétail.

La corbeille d'oseille. Le détail de l'histoire. Le fauteuil du salon. La taille des arbres.

Divisions

2 6 4	6		3 9 6	6		6 7 2	8		6 7 8	6		7 5 6	6
0 2 4	4 4		0 3 6	6 6		0 7	1 1 2		0 7	1 1 3		1 5	1 2 6
0 0			0 0			1 2			1 8			0 3 6	
						0 0			0 0			0 0	

L'Y entre deux voyelles sert pour deux I

ay = ai i   oy = oi i   uy = ui i

ray é, pay é, en ray é, pay a ble, ray on, oray on, noy é

broy é, tu toy é, noy au, voy a ge, pl toy a ble, ploy é

tuy au, e ssuy é, en nuy é, a ppuy é.

moy en, oi toy en, doy en.

———————

Le crayon fin. Le royaume du ciel souffre violence. Le doyen du chapître. Le voyage pitoyable.

Le tuyau de la cheminée. Le mur mitoyen. Le noyau de la pêche. L'employé infidèle.

Le citoyen honnête. La loyauté sera récompensée. Michel ira à Noyon. Le rayon de lumière.

La conduite loyale. La valeur payable au porteur. Le tuyau du gaz. Le joyau de la couronne.

Un moyen radical a été employé par ce célèbre médecin pour obtenir la guérison du doyen.

———————

Divisions

5 2 5 | 7	5 8 8 | 7	4 3 4 | 7	2 7 3 | 7	6 4 4 | 7
0 3 5 | 7 5	0 2 8 | 8 4	0 1 4 | 6 2	0 6 3 | 3 9	0 1 4 | 0 2
0 0	0 0	0 0	0 0	0 0

56e LEÇON

E pour È devant une double consonne

te lle, que lle, ce lle, pe lle, be lle, que re lle, é che lle

de tte, su je tte, pro pre tte, ca de tte, vio le tte

ca re sse, vi te sse, a dre sse, ri che sse, pa re sse

con tie nne, an tie nne, an cie nne, i ta lie nne

te rre, se rre, te rri ble, par te rre, en te rre, pie rre

Quelle belle pelle. Cette petite bête est proprette. Le raisin de cette treille n'est pas mûr. La politesse de Lucienne.

Antoinette a changé d'adresse. Cette tempête a été désastreuse pour la campagne. La pierre de la serre.

Cette vieille aveugle a fait une bonne recette. Pierre est terrible avec sa bonne. Les fleurs du parterre.

Cette feuille est grande, celle-ci est plus petite. Cette chanteuse possède une belle voix.

La dette publique. La vitesse du rapide. La tablette de chocolat. La buvette de Colette.

Divisions

376 | 8	832 | 8	736 | 8	336 | 8	672 | 8
056 | 47	032 | 104	016 | 92	016 | 42	032 | 84
00	00	00	00	00

57ᵉ LEÇON

Ç se prononce S devant A O U

ma çon, le çon, fa çon, soup çon, gla çon, ran çon
ha me çon, re çu, dé çu, con çu, ba lan çol re, re çols
Fran çols, fa ça de, a ga çant, me na çant.

***

Le garçon du maçon. Le reçu du mémoire. La façade monumentale. Françoise a reçu sa leçon. La façon du caleçon Le limaçon du jardin. Un propos menaçant.

***

58ᵉ LEÇON

Tréma ë ï ü

ci gu ë, con ti gu ë, ai gu ë, Ra pha ël, Si na ï, ma ïs
na ï ve, la ï que, hé ro ï que, ou ï di re, Mo ïse, I sa ï e
Sa ül, E sa ü, Ca ïn, co ïn ci den ce.

La jalousie de Caïn. Moïse monta sur le Sinaï. Le prophète Isaïe. La désobéissance de Saül. Le suc de la ciguë. Une action héroïque. Une figure naïve.

***

Divisions

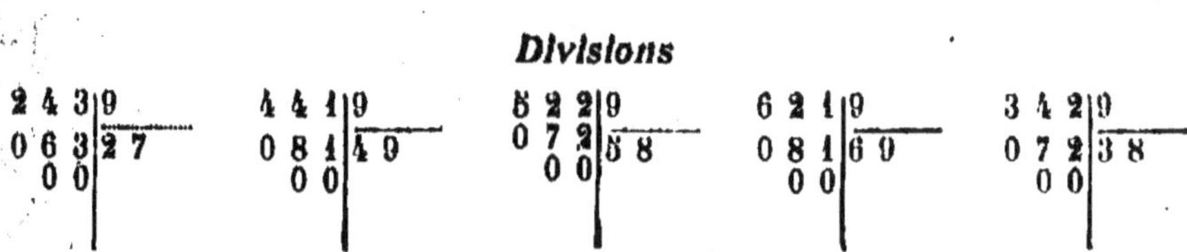

59ᵉ LEÇON

ti comme si

i ner tie, fa cé tie, mi nu tie, i nep tie, pro phé tie
mar tial, par tial, na tion, ra tion, por tion, ac tion
lo ca tion, é mo tion, par tiel, am bi tieux.

Martial a mérité une punition pour sa mauvaise action. La cloche sonne la fin de la récréation. Le drapeau national a été arboré. La vocation religieuse.

60ᵉ LEÇON

e devant mm se prononce a

fe mme, vio le mment , ar de mment, in ci de mment.
ré ce mment, pru de mment, sole mment. é vi de mment
né gli ge mment, in per ti ne mment.

La femme du voisin a poussé violemment la porte. Quiconque pêche sciemment sera puni de Dieu. Ulysse fait négligemment ses devoirs.

Divisions

9 5 2 | 2   7 4 4 | 3   7 5 6 | 4   6 0 5 | 5   7 8 6 | 6

61ᵉ LEÇON

Sons équivalents

er, et, é   ai mer, par ler, ô ter, tom ber et le ver.
ez = é   nez, assez, ai dez, pre nez, en trez, ve nez
ier = ié   plu mier, en orier, poi rier, pru nier, pied
eu = u   j'ai eu, tu as eu, il a eu, j'eus, tu eus, il eut

Armand a eu le nez abîmé contre la rampe de l'escalier. Ce jardinier soigne bien son pommier.

Il faut se peigner et se brosser la tête tous les jours. La lucarne du grenier est ouverte.

Pour se reposer le jour on se sert d'un fauteuil ou d'une chaise et pour se reposer la nuit : d'un lit.

Pour arriver à l'heure en classe, il faut partir à temps de la maison et ne pas s'amuser en chemin.

Aimez-vous les uns les autres. Parlez au portier. Le plumier et l'encrier de l'écolier. Maurice a eu le pied foulé le mois dernier. Je sais lire, écrire et calculer

---

Divisions

8 2 6 | 7   6 1 6 | 7   7 9 2 | 8   8 7 2 | 8   2 0 7 9

LECTURE COURANTE

Avis et Conseils à un petit Ecolier Chrétien

1. — Lorsque vous allez à l'école, faites le sans bruit, c'est a dire sans crier ni offenser personne, sans vous arrêter pour jouer avec vos camarades.

2. — Soyez toujours doux, aimable, évitant de dire des paroles grossières, de faire des actions déshonnêtes.

3. — Ayez un grand respect pour les choses saintes, la croix, les images de la Sainte Vierge et des Saints.

4. — Quand vous entrerez chez vous, ou dans quelqu'autre maison, saluez gentiment ceux que vous y trouverez.

5. — Pensez, au commencement de vos actions, que Dieu vous voit et priez le de bénir votre travail.

6. — Obéissez avec joie à ceux qui ont le droit de vous commander, quand ce qu'on vous commande n'est pas contraire à la loi de Dieu.

7. — Il faut prier Dieu avant et après le repas et bien se tenir à table.

8. — Prenez avec respect ce que l'on vous sert et remerciez honnêtement celui qui vous le donne.

9. Il ne faut ni manger ni boire avec excès, parce que cela déplait à Dieu et détruit la santé.

10. — Vous ne devez jamais quitter votre maison sans en avoir demandé et obtenu la permission.

11. — Evitez avec soin la compagnie des enfants qui n'ont pas la crainte de Dieu, parce que vous deviendriez méchant comme eux.

12. — Lorsque quelqu'un vous rend visite, levez-vous pour le recevoir et le saluer.

13. — Le soir, avant de vous coucher, vous n'oublierez pas de saluer vos parents et de faire votre prière.

14. — Le matin, à votre réveil, faites le signe de la croix et levez-vous. Puis mettez-vous à genoux, faites votre prière et offrez à Dieu toutes les actions de la journée.

15. — Ensuite, souhaitez le bonjour à vos parents et aux autres personnes de la maison.

16. — Aimez l'école, rendez-vous y avec joie, apprenez avec soin les leçons que vos maîtres vous y donnent, témoignez leur votre soumission par une obéissance respectueuse.

17. — Soyez vrai dans tout ce que vous dites car les menteurs ne sont aimés ni de Dieu ni des hommes.

18. — Que jamais le bien d'autrui ne vous fasse envie, il vaut mieux être pauvre que voleur, parce que les voleurs offensent Dieu et sont odieux à tout le monde.

19.—Ne souffrez pas que les pauvres attendent longtemps à votre porte. Priez vos parents de leur faire l'aumône, ou faites la leur vous même, si vous le pouvez.

20.—Ayez une grande dévotion à la Sainte Vierge, elle aime beaucoup les petits enfants sages. Un enfant de Marie ne passe aucun jour sans lui marquer son amour et sa confiance en récitant une prière en son honneur.

21.—Il ne faut pas oublier de prier souvent votre bon Ange Gardien, qui ne vous quitte jamais; il vous assistera dans vos dangers si vous lui êtes dévot.

LEÇON DE CHOSES
Distinction des Couleurs

L'or et le cuivre sont jaunes.
L'argent et le lait sont blancs.
L'encre et le charbon sont noirs.
L'herbe et les feuilles des arbres sont vertes.
Le coquelicot et la cerise sont rouges.
La neige et la craie sont blanches.

Fruits et Arbres Fruitiers

La poire est le fruit du poirier.
La pomme est le fruit du pommier.
La pêche est le fruit du pêcher.

La figue est le fruit du figuier.

La groseille est le fruit du groseiller.

La noisette est le fruit du noisetier.

La cerise est le fruit du cerisier.

La fraise est le fruit du fraisier.

La noix est le fruit du noyer.

La prune est le fruit du prunier.

L'abricot est le fruit de l'abricotier.

L'amande est le fruit de l'amandier.

L'orange est le fruit de l'oranger.

L'olive est le fruit de l'olivier.

Le gland est le fruit du chêne.

Le raisin est le fruit de la vigne.

Le marron est le fruit du marronnier.

Définitions

Le pantalon et le veston sont des vêtements.

La table et la chaise sont des meubles

La poire et l'orange sont des fruits.

Le pommier et le cerisier sont des arbres.

Le cheval et l'âne sont des animaux domestiques.

Le lion et le tigre sont des animaux sauvages.

Le moineau et le serin sont des oiseaux.

La rose et la tulipe sont des fleurs.

Le chou et la carotte sont des légumes.

La bière et le cidre sont des boissons.

Paris et Versailles sont des villes.

Productions diverses

Le vin se fait avec les raisins ; le cidre avec les pommes, la
bière avec le houblon ; le fromage avec le lait ; le beurre avec
la crème ; les briques et les tuiles avec de la terre; les clès et
les clous avec du fer ; le papier avec des chiffons ; les cordes
avec le chanvre ; les sabots avec du bois ; les bouteilles avec
le verre ; le cuir avec la peau des bêtes ; l'huile avec les olives;
le pain avec la farine; la fécule avec les pommes de terre ;
la vapeur avec l'eau chaude.

Divisions du temps

Le jour et la nuit se composent de vingt-quatre heures ; une
heure de soixante minutes; une minute de soixante secondes;
Une semaine se compose de sept jours que nous nommons :
dimanche, lundi, mardi, mercredi, jeudi, vendredi, samedi.

L'année est divisée en douze mois, qui sont: janvier, février,
mars, avril, mai, juin, juillet, août, septembre, octobre, novem-
bre, décembre. Ces douze mois ont trois cent soixante-cinq
jours'.

Pour marquer les heures du jour et de la nuit nous avons des
horloges et des montres.

C. BUDE

IMPRIMEUR

32, RUE VERCINGÉTORIX

PARIS (14e)

G. BUDE, Imp., 32, r. Vercingétorix, Paris